Jens Küsters

Agile Entwicklung von Web-Anwendungen mit Grails

I0013319

Jens Küsters

Agile Entwicklung von Web-Anwendungen mit Grails

GRIN Verlag

Bibliografische Information der Deutschen Nationalbibliothek: Die Deutsche Bibliothek
verzeichnet diese Publikation in der Deutschen Nationalbibliografie; detaillierte bibliografische Daten sind im Internet über http://dnb.d-nb.de/ abrufbar.

1. Auflage 2011
Copyright © 2011 GRIN Verlag GmbH
http://www.grin.com
Druck und Bindung: Books on Demand GmbH, Norderstedt Germany
ISBN 978-3-640-98375-9

FOM – Hochschule für Oekonomie & Management
Neuss

Berufsbegleitender Studiengang Wirtschaftsinformatik
4. Semester

Hausarbeit im Fach
„Web-Anwendungsentwicklung"

Agile Entwicklung von Web-Anwendungen mit Grails

Autor: Jens Küsters

           4. Fachsemester

Neuss, den 10.07.2011

Inhaltsverzeichnis

Abkürzungsverzeichnis

AJAX   Asynchronous JavaScript and XML

API   Application Programming Interface

CRUD   Create-Read-Update-Delete

DRY   Don't repeat yourself

GSP   Groovy Server Pages

HTML   Hypertext Markup Language

JSON   JavaScript Object Notation

JVM   Java Virtual Machine

MVC   Model View Controller

PO   Product Owner

RoR   Ruby on Rails

SM   Scrum Master

WiP   Work in Progress

XML   Extended Markup Language

XP   Extreme Programming

Abbildungsverzeichnis

Tabellenverzeichnis

1 Einleitung

Agile Methoden haben bei der Organisation von Projekten in den vergangenen Jahren weiter an Bedeutung gewonnen. Gerade in der Softwareentwicklung erfreuen sie sich großer Beliebtheit und so steigt die Zahl der Projekte, in denen Scrum, Extreme Programming, Kanban oder ähnliche Vorgehensmodelle zum Einsatz kommen. Kunden und Dienstleister versprechen sich hierdurch bessere Produkte und kürzere Entwicklungszyklen. Es soll möglichst schnell ein potenziell auslieferbares Produkt entstehen, das dann nach und nach verbessert und angepasst werden kann. Den Softwareentwicklern kommt in diesem Zuge ein hohes Maß an zusätzlicher Freiheit und Verantwortung zu. Sie treffen sich regelmäßig mit dem Kunden zu Rückschau und Planung, arbeiten mit diversen Backlogs und kommen zum täglichen Stand-Up-Meeting zusammen. Doch außerhalb dieser vorgegeben Methoden kann die Agilität rasch verfliegen, da weiterhin mit unflexiblen Werkzeugen und Frameworks gearbeitet werden muss. Gerade bei der Entwicklung von Web-Anwendungen im Java-Umfeld sind meist erhebliche Vorarbeiten und Konfigurationen notwendig, bevor überhaupt mit der eigentlichen Entwicklung begonnen werden kann. Mit der Sprache Groovy und dem darauf aufsetzenden Web-Application-Framework Grails soll die Entwicklung in der Java-Welt deutlich agiler werden. Ob dies zutrifft und wie dies funktionieren kann, soll diese Arbeit darlegen. Dazu sollen zunächst die Eigenschaften einiger agile Vorgehensmodelle sowie Groovy und Grails vorgestellt werden. Es folgt eine Analyse, wie Grails die Entwicklung in agilen Projekten unterstützen kann sowie ein Blick auf mögliche Grenzen des Einsatzes.

2 Grundlagen

2.1 Agile Vorgehensmodelle

Gerade in der Softwareentwicklung haben sich agile Vorgehensmodelle in den vergangenen Jahren erfolgreich etabliert. Die enge Zusammenarbeit mit dem Kunden, das eigenverantwortliche Arbeiten des Entwicklungsteams und die schnelle Fertigstellung von Teilprodukten werden hierbei als wesentliche Erfolgsfaktoren

herausgestellt.[1] Grundlage für alle dadurch entstandenen Frameworks und deren Anwendung in der Softwareentwicklung ist das „Manifesto for Agile Software Development". Allen Ansätzen gemein ist zudem die Philosophie der kontinuierlichen Verbesserung, bekannt unter dem Schlagwort Kaizen. Zu den verbreitetsten Modellen, die auch miteinander kombiniert werden können, gehören Scrum, Extreme Programming und seit einiger Zeit auch Kanban. Diese sollen im Folgenden kurz vorgestellt werden.

2.1.1 Das „Manifesto for Agile Software Development"

Grundlage für die Anwendung agiler Modelle in der Softwareentwicklung sind die im „Manifesto for Agile Software Development" beschriebenen Grundsätze:

„Individuals and interactions over processes and tools

Working software over comprehensive documentation

Customer collaboration over contract negotiation

Responding to change over following a plan."[2]

Zu den Unterzeichnern des Manifests gehören unter anderem die Entwickler von Extreme Programming Kent Beck, Ward Cunningham und Ron Jeffries sowie die Scrum-Erfinder Ken Schwaber, Jeff Sutherland und Mike Beedle.

2.1.2 Scrum

Der bekannteste Vertreter unter den agilen Vorgehensmodellen ist wohl Scrum. Vor allem in komplexen Softwareentwicklungsprojekten kommt Scrum zum Einsatz. Es basiert auf den Annahmen zur empirischen Prozesssteuerung mit den drei Handlungsfeldern Sichtbarkeit, Inspektion und Anpassung.[3] Der Scrum-Prozess ist iterativ und inkrementell und erfolgt in festen Timeboxen, die Sprints genannt werden. Nach jedem Sprint steht ein potentiell auslieferbares Inkrement bereit.[4] Zu Beginn des Projekts erfolgt keine Detailplanung. Diese wird erst im Laufe des Projekts zu jedem Sprint festgelegt wodurch zeitnahe Anpassungen am Projekt möglich werden und das

---

[1] Laut einer Projektmanagement-Studie von 2009 werden agile Projekte mit 67% deutlich häufiger erfolgreich abgeschlossen als klassische mit 40%, vgl. Vigenschow, Toth, Wittwer (2009), S. 13
[2] Beck et. al (2001)
[3] Vgl. Schwaber (2007), S. 2 ff.
[4] Vgl. Schwaber, Sutherland (2010), S. 10

Entwicklungsteam „gemäß dem Auftreten neuer Komplexitäten, Schwierigkeiten und Überraschungen"[5] seinen Lösungsansatz modifizieren kann.

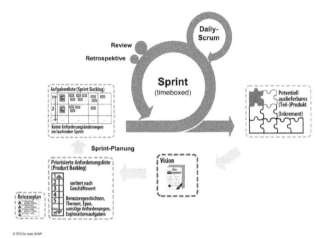

Abbildung 1: Überblick über den Scrum-Prozess[6]

In Scrum existiert eine klare Verteilung von Verantwortlichkeiten auf drei Rollen. Der Product Owner (PO) vertritt die Kundenseite und ist für die Nutzenmaximierung des Projekts verantwortlich. Er verwaltet und priorisiert das Product Backlog, in dem alle für das Projekt notwendigen User Stories enthalten sind, und gestaltet den Entwicklungsprozess aktiv mit.[7] Das Team ist für die Entwicklung des Produkts verantwortlich und setzt die notwendigen Schritte innerhalb der Sprints eigenverantwortlich um.[8] Der Scrum Master (SM) ist verantwortlich für die Vermittlung des Scrum-Prozesses und dessen Einhaltung. Anders als ein klassischer Projektmanager ist er nicht weisungsbefugt und auch nicht für den Projekterfolg verantwortlich.[9] Er stellt die Kommunikation zwischen PO und Team sicher und beseitigt Hindernisse im Entwicklungsprozess, die im Impediment Backlog festgehalten wurden.

Vor jedem Sprint treffen sich PO und Team unter Moderation des SM zum Sprint Planning. In diesem legt der PO fest, welche Elemente des Product Backlogs umgesetzt werden sollen und priorisiert diese. Das Team zerteilt die User Stories in Arbeitspakete,

---

[5] Schwaber (2007), S. 6
[6] Entnommen aus Gentsch, Wittwer (2010)
[7] Vgl. Schwaber (2007), S. 56
[8] Vgl. Schwaber (2007), S. 104
[9] Vgl. Schwaber (2007), S. 28

schätzt dafür den Aufwand und legt fest, welche Pakete tatsächlich im Sprint umgesetzt werden können. Die Arbeitspakete werden im Sprint Backlog festgehalten.[10] Im Laufe des Sprints wird der Fortschritt des Teams im Burndown Chart visualisiert, in dem der geschätzte verbleibende Restaufwand für die Erreichung der Sprint-Ziele mit der noch zur Verfügung stehenden Zeit in Korrelation gesetzt wird. Das Team trifft sich außerdem zum Daily Scrum, um sich gegenseitig über erledigte und anstehende Aufgaben zu informieren.[11] Nach dem Sprint erfolgt dann das Sprint Review Meeting, in dem das Team dem PO seine Arbeitsergebnisse präsentiert. Der PO kann dann entscheiden, ob die Ergebnisse in seinem Sinne als fertig anzusehen sind oder ob in folgenden Sprints noch nachgebessert werden muss.[12]

2.1.3 Extreme Programming

Extreme Programming (XP) ist ein Prozessmodell und gilt als die Grundlage aller agilen Vorgehensweisen in der Softwareentwicklung.[13] Es hat seinen Ursprung im „Chrysler Comprehensive Compensation Systems"-Projekt, das beim Automobilhersteller Chrysler unter Führung von Kent Beck 1996 mit den späteren XP-Methoden umgesetzt wurde.[14] XP ist ausgelegt „für kleinere Projekte mit unklaren und sich immer wieder ändernden Anforderungen".[15] Auch im XP ist der Entwicklungsprozess iterativ und inkrementell. Die Entwicklung ist unterteilt in Releases, die wiederum aus Iterationen bestehen. Die Iterationen werden dann in Arbeitspakete von ein bis drei Tagen zerlegt. Ähnlich wie bei Scrum soll bereits nach dem ersten Release ein potenziell auslieferbares Inkrement fertiggestellt sein.[16]

---

[10] Vgl. Schwaber (2007), S. 136 f.
[11] Vgl. Jensen (2011), S. 127 f.
[12] Vgl. Schwaber (2007), S. 139 f.
[13] Vgl. Breitling (2011), S. 50
[14] Vgl. C3 Team (1998), S. 25
[15] Reißing (2000)
[16] Vgl. Reißing (2000)

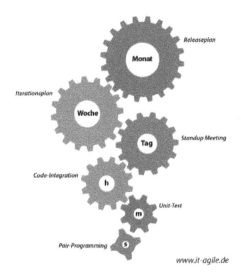

Abbildung 2: Überblick über den XP-Prozess[17]

XP berücksichtigt immer die Variablen Kosten, Zeit, Qualität und Scope und verfolgt die grundsätzliche Werte Kommunikation, Einfachheit, Feedback und Mut.[18]

Jede Iteration wird im Planungsspiel vorbereitet. Der Kunde legt seine Wünsche in Form von Stories dar und priorisiert diese. Das Entwicklerteam schätzt hierfür die Aufwände. Übersteigt der geschätzte Aufwand die für die Iteration zur Verfügung stehenden Ressourcen, muss der Kunde seine Stories erneut planen und einige eventuell in eine spätere Iteration verschieben. Dieser Vorgang wird so lange wiederholt, bis Kundenwünsche und Teamressourcen miteinander harmonisieren.[19]

Grundlegender Bestandteil von XP sind Tests. Zum einen erstellen die Entwickler unit tests für ihre Klassen, zum anderen entwickelt der Kunde für seine Anwendungsfälle functional tests. Die Entwickler sind in XP gezwungen, ihre Tests bereits vor der eigentlichen Implementierung der Funktionalitäten zu schreiben.[20] Die Entwickler sollen zudem immer nach einfachen Lösungen suchen und dabei mögliche zukünftige

---

[17] Entnommen aus it-agile (2011)
[18] Vgl. Breitling (2011), S. 51
[19] Vgl. Reißing (2000) sowie Breitling (2011), S. 52
[20] Vgl. Reißing (2000)

Erweiterungen zu berücksichtigen. Dies geschieht vor dem Hintergrund, dass die Anforderungen dieser zukünftigen Erweiterungen sich im Laufe des Projekts noch verändern können. Der Programmcode wird immer wieder refaktorisiert. Die unit tests sollen dabei mögliche Fehler aufzeigen. Die Dokumentation erfolgt nahezu ausschließlich durch den eigentlichen Programmcode, der entsprechend selbsterklärend sein muss.[21] Weiterer zentraler Bestandteil von XP ist das pair programming. Es arbeiten jeweils zwei Entwickler gemeinsam, wobei der eine programmiert und der andere dessen Code laufend auf Fehler und Verbesserungsmöglichkeiten prüft.[22] Die Rollen innerhalb des Paares sollen regelmäßig wechseln. Auch werden die Paare immer wieder neu zusammengestellt. So soll gewährleistet werden, „dass sich das Wissen über alle Aspekte des Systems auf alle Entwickler verbreitet".[23] Zudem gehört der entstehende Code immer dem gesamten Team und nie einem einzelnen Entwickler und kann somit jederzeit von jedem Entwickler angepasst und optimiert werden. Das Team vereinbart zudem verbindliche Programmierrichtlinien, um eine einheitliche Code-Basis zu gewährleisten. Um die beschriebene, sehr anspruchsvolle, Art der Teamarbeit gewährleisten zu können, verlangt XP geregelte Arbeitszeiten ohne Überstunden.

In der Praxis werden die XP-Praktiken häufig mit Scrum kombiniert. Beide Modelle beschreiben einen iterativen und inkrementellen Entwicklungsprozess. Während Scrum eher den Ablauf eines Projekts mit Meetings, Rollen und Artefakten beschreibt, definiert XP die Art und Weise, in der das Entwicklerteam arbeitet und die mit dem PO vereinbarten Ziele erreicht.[24]

2.1.4 Kanban

Kanban wurde ursprünglich bei Toyota entwickelt und bedeutet im Japanischen „Signalkarte". Diese Karten wurden zur Steuerung von Fertigungsstationen verwendet. Jede Station sollte immer nur so viele Zwischenprodukte herstellen, wie die nachfolgende Station verarbeiten konnte.[25] Nach diesem Vorbild wurden die Prinzipien der lean production in die IT-Welt übertragen. Die zentralen Ideen hierbei sind Visualisierung, Pull statt Push, Begrenzung paralleler Arbeit und Kaizen.[26]

---

[21] Vgl. Reißing (2000)
[22] Breitling (2011), S. 52
[23] Reißing (2000)
[24] Vgl. Kniberg (2007), S. 81 ff. sowie Breitling (2011), S. 56
[25] Vgl. Roock, Wolf (2010), S. 13
[26] ebd.

Auf dem Kanban-Board wird der Workflow des Entwickler-Teams in frei definierbaren Spalten visualisiert. Arbeitspakete werden auf Karten notiert und auf dem Board platziert. Das Team arbeitet diese Karten nach und nach selbständig ab. Das heißt, es nimmt sich ein Arbeitspaket (pull), bearbeitet es und schiebt es in die nachfolgende Spalte auf dem Board, aus der es dann beispielsweise vom Testteam zur weiteren Bearbeitung entnommen werden und anschließend weitergeschoben werden kann. Jede Spalte auf dem Board hat ein so genanntes „Work in Progress"-Limit (WiP-Limit). Das bedeutet, dass pro Spalte nur eine begrenzte Zahl von Arbeitspaketen aufgenommen werden darf, um eine Überlastung des Teams zu verhindern und schnellere Durchlaufzeiten zu erzielen.[27]

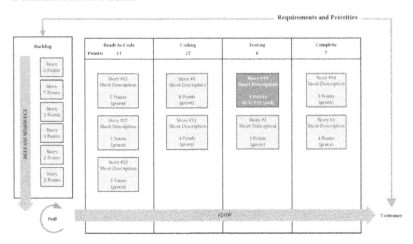

Abbildung 3: Beispiel für ein Kanban Board[28]

Durch regelmäßige Team-Meetings und das Anerkennen von Fehlern als Chance zur Verbesserung soll ein kontinuierlicher Verbesserungsprozess implementiert werden.[29]

Anders als Scrum und XP kommt Kanban mit deutlich weniger Regeln aus und gilt eher als Methode für den Betrieb und Support abgeschlossener Projekte. Es existieren zudem keine Iterationen in festen Timeboxen, Aufwandsschätzungen sind optional.[30] Trotzdem

---

[27] Vgl. Haller (2011), S. 136
[28] Entnommen aus Bell, Orzen (2011), S. 185
[29] Vgl. Roock, Wolf (2010), S. 14
[30] Vgl. Haller (2011), S. 136 sowie Roock (2010), S. 22

lassen sich auch Methoden von Kanban und Scrum kombinieren, da sie durchaus Ähnlichkeiten aufweisen und sich gegenseitig ergänzen können.[31]

2.2 Die Java-basierte Sprache Groovy

„Groovy ist eine neue Open Source-Programmiersprache, die mit dem Ziel erschaffen wurde, produktivitätssteigernde Features moderner Interpreter-Sprachen wie Python, Ruby und Smalltalk nahtlos in die Java-Welt zu integrieren."[32]

Groovy ist stark an Java angelehnt, führt jedoch verschiedene Techniken und Konzepte ein, die die Entwicklung deutlich dynamisieren. So können Groovy-Programme ohne vorherige Kompilierung durch einen Interpreter ausgeführt werden. Die Programme können jedoch ebenso kompiliert und als Bytecode in der Java Virtual Machine (JVM) ausgeführt werden. Zudem können Variablen, anders als in Java, wahlweise statisch oder dynamisch typisiert werden. In Groovy lassen sich auch Java-Objekte verwenden.[33] Ferner bietet es Closures und eine native Unterstützung für Listen (statt primitiver Arrays), Maps und Reguläre Ausrücke. Durch die Implementierung so genannter Properties entfällt das Schreiben von get- und set-Methoden. Das Setzen eines Semikolons am Zeilenende ist nicht zwingend erforderlich. Durch diese und weitere Konzepte wird die Programmierung in Groovy deutlich dynamischer als in Java. Quellcodes werden kürzer und dadurch leichter wartbar und durch die Ausführung im Interpreter entfällt ein unter Umständen langwieriges Kompilieren. Auch die Erstellung von Tests, beispielsweise durch Asserts, wird vereinfacht.

Java	Groovy
```public class HalloWelt { public static void main(String args[]) { System.out.println("Hallo Welt!"); } }```	```println 'Hallo Welt!'```
```for(int i = 1; i <= 10; i++) { System.out.println(i); }```	```(1..10).each{ println it }```
```Student s = new Student(); s.setMatrikelNr(12345); System.out.println(s.getMatrikelNr());```	```def s = new Student(); s.matrikelNr = 12345 println s.matrikelNr```

Tabelle 1: Vergleich von Java- und Groovy-Syntax („Hallo Welt!", Bereiche und Closures, Properties)

---

[31] Vgl. Kniberg, Skarin (2010), S. 7 ff.
[32] Staudemeyer (2007), S. XI
[33] Vgl. Helmbold (2008a)

Einzeilige Groovy-Programme können auch über die Kommandozeile ausgeführt werden.[34]

2.3 Das Web-Application-Framework Grails

„To understand Grails, you first need to understand its goal: to dramatically simplify enterprise Java web development."[35]

Grails ist ein Web-Application-Framework, das die Konzepte und Ideen von Ruby on Rails (RoR) in die Java-Welt transportiert. Statt Ruby kommt hier die in der Java Virtual Machine (JVM) laufende Skriptsprache Groovy zum Einsatz. Ziel von Grails ist es, die Reife der Java Enterprise Edition mit den neuen dynamischen Konzepten aus anderen Sprachen (insbesondere RoR) zu verbinden, um so eine optimale Balance aus Stabilität, Flexibilität und Entwicklungsgeschwindigkeit in Web-Projekten zu erhalten. Gleichzeitig kann bereits vorhandener Java-Code weiterverwendet werden. Dabei setzt Grails auf verschiedene bereits etablierte Open-Source-Technologien, um einen vollständigen Stack von der persistenten Datenspeicherung bis zur Ausgabe im Browser, abzubilden:[36]

- **Hibernate** für das Mapping für das objekt-relationale Mapping zwischen Datenbank und Applikation
- **Spring** als Framework für beispielsweise Model View Controller (MVC) und Webflows
- **SiteMesh** als Framework zum Rendern der Layouts
- **Jetty** als Servlet-Container (der Einsatz anderer Container, wie zum Beispiel Apache Tomcat, ist ebenfalls möglich)
- **HSQLDB** als Datenbanksystem (es können auch andere Datenbanken, wie zum Beispiel MySQL, eingesetzt werden)

Alle diese Technologien werden von Grails durch eine zusätzliche, in Groovy implementierte, Schicht abstrahiert, so dass beispielsweise die Konfiguration von Spring oder Hibernate automatisch erfolgt.

---

[34] Vgl. Helmbold (2008a)
[35] Rocher, Brown (2009), S. 1
[36] Vgl. Rocher, Brown (2009), S. 2

Abbildung 4: Der Grails Stack[37]

Grails kann mit einer Vielzahl von Plugins erweitert werden, die über ein zentrales Repository abgerufen werden können.[38] So stehen für eine Reihe von immer wiederkehrenden Aufgaben bereits fertige Programmbestandteile bereit, die lediglich in das eigene Projekt integriert werden müssen.[39]

Die Entwicklung von Grails-Projekten kann in allen gängigen Java-Entwicklungsumgebungen erfolgen. So gibt es neben der Integration in die auf Eclipse basierende SpringSource Tool Suite entsprechende Plugins für NetBeans sowie IntelliJ IDEA.[40]

2.3.1 Die Entstehung von Grails

Grails entstand 2005 ursprünglich unter dem Namen Groovy on Rails. Hieraus wird bereits die Inspiration durch RoR deutlich. RoR wurde zunächst ab 2003 für die Projektmanagement-Web-Anwendung Basecamp der Firma 37signals entwickelt, im Juli 2004 daraus extrahiert und als Open Source zur Verfügung gestellt.[41] Auf Grund einer Intervention des RoR-Erfinders David Heinemeier Hansson wurde das Groovy on

---

[37] Vgl. Rocher, Brown (2009), S. 3
[38] Das Repository befindet sich unter http://grails.org/plugins
[39] z.B. Plugins zur Anbindung weiterer Datenspeicher (Mongo DB, LDAP, etc.), JavaScript-Bibliotheken, Rechtemanagement (ACL) oder externer APIs
[40] Eine vollständige Liste der unterstützen Editoren ist unter http://www.grails.org/IDE+Integration zu finden.
[41] Vgl. Ruby on Rails (2011)

Rails 2006 in Grails umbenannt.[42] Ursprünglich wurde die Entwicklung von Grails, ebenso wie die von Groovy, durch die von Guillaume Laforge, Graeme Rocher und Alex Tkachman 2007 gegründete Firma G2One Inc. maßgeblich vorangetrieben. G2One wurde 2008 von der Firma SpringSource übernommen, welche zu VMware gehört.[43] Seitdem wurden Groovy und Grails auch in die SpringSource Tool Suite, einer mit verschiedenen Plugins angepassten Eclipse-Distribution, integriert. Am 4. Februar 2008 wurde die Version 1.0 herausgegeben. Derzeit ist die Version 1.3.7 vom 16. Februar 2011 aktuell.[44] Für das dritte Quartal 2011 ist Version 1.4 geplant und für das Jahr 2012 die Version 2.0.[45]

2.3.2 Die Konzepte von Grails

Grails verwendet weitestgehend dieselben Konzept wie RoR. Umgesetzt werden diese jedoch durch die Aggregation und Abstraktion vorhandener Technologien und Frameworks aus der Java-Welt.

2.3.2.1 Model View Controller

Model View Controller (MVC) ist ein ursprünglich für Smalltalk 80 konzipiertes Pattern in der Softwareentwicklung zur Strukturierung des Codes in drei Schichten, die grundsätzlich unabhängig voneinander entwickelt und flexibel ausgetauscht werden können. Das Model beschreibt dabei das zugrundeliegende Datenmodell. Der Controller bestimmt die eigentliche Steuerung des Programms sowie die auf das Model anwendbaren Methoden. Die View übernimmt die Präsentation. Eine Anfrage geht zunächst an einen Controller, der über die auszuführende Aktion entscheidet, die Daten aus dem Model zusammenstellt und aufbereitet und diese dann an eine View zur Darstellung übergibt.[46] So ist es beispielsweise möglich, die selbe Datenbasis unterschiedlich aufzubereiten und dann entweder als Hypertext Markup Language (HTML) im Browser auszugeben oder strukturiert in Extended Markup Language (XML) oder JavaScript Object Notation (JSON) als Webservice beziehungsweise für die Verwendung von Asynchronous JavaScript and XML (AJAX) zu verwenden. Das Model muss für keine dieser Ausgabevarianten verändert werden. Grails-Projekte

---

[42] „[...] So out of respect for David and not wanting to start a flame war with the Ruby community we shall oblige and Groovy on Rails will now simply be known as Grails." Rocher (2006)
[43] Vgl. SpringSource (2008)
[44] Vgl. Brown (2011)
[45] Vgl. Rocher (2011)
[46] Vgl. Liebhart et al. (2007), S. 24 ff.

entsprechen grundsätzlich dem MVC-Pattern, welches zusätzlich durch Scaffolding unterstützt wird.[47] Model und Controller werden dabei üblicherweise in Groovy erstellt während die View mittels GSP bereitgestellt wird.

2.3.2.2 Don't repeat yourself

Don't repeat yourself (DRY) ist ein Prinzip in der Softwareentwicklung, welches erstmals von Andrew Hunt und David Thomas erläutert wurde.[48] Es besagt, dass Redundanzen bei der Entwicklung zu vermeiden oder zumindest zu reduzieren sind. So müssen auch Änderungen nur an einer Stelle vorgenommen werden und die Komplexität wird verringert, was wiederum Fehler vermeiden hilft. In Grails kann so beispielsweise ein Feld für eine persistente Klasse festgelegt werden und das Framework erstellt die entsprechende Datenbankspalte sowie das Mapping zu dem Feld selbständig.[49]

2.3.2.3 Convention over Configuration

Auch das Paradigma Convention over Configuration soll die Komplexität in Software-Entwicklungsprojekten verringern, indem es die grundsätzliche Struktur und Konfiguration der Projekte per Konvention vorgibt. Viele Frameworks verwenden XML-Dateien, um die Konfiguration einer Anwendung abzubilden. Dieses Vorgehen kann zu unübersichtlichen und schwer wartbaren Konfigurationsdaten führen. Auch das Konzept der Annotations verschiebt dieses Problem lediglich von den XML-Dateien in den eigentlichen Quellcode.

Grails hingegen legt bereits fest, wo bestimmte Arten von Klassen zu finden sein müssen und wie diese benannt werden sollen.[50] So ist die Grundstruktur jedes Grails-Projekts gleich und auch ein fremder Programmierer findet sich darin zurecht. Durch entsprechende Namenskonventionen entfallen so beispielsweise Mappings zwischen Models, Controllern und Views sowie zwischen Model-Klassen und der zugrundeliegenden Datenbank. Auch die Erstellung dieser Strukturen kann Grails durch spezielle Kommandozeilen-Befehle automatisiert durchführen, was zu einer weiteren Reduzierung potentieller Fehlerquellen führt.[51] Somit entfällt die Entwicklung von

---

[47] siehe 2.3.2.4
[48] Vgl. Hunt, Thomas (2003), S. 24
[49] Vgl. Staudemeyer (2008), S. 2 f.
[50] ebd.
[51] Vgl. König (2008)

eigenen Konventionen für ein neues Projekt weitestgehend. Projektspezifische Anforderungen können jedoch auch weiterhin konfiguriert werden.

2.3.2.4 Scaffolding

Das Prinzip des Scaffoldings basiert auf dem MVC-Pattern und ist sehr hilfreich bei der Erstellung von Prototypen. Dabei werden Controller und die so genannten CRUD-Seiten (Create-Read-Update-Delete) einer Web-Anwendung als Views automatisch aus dem definierten Model generiert. So erhält man einzig durch die Definition des Models bereits eine lauffähige Applikation, mir der Daten angezeigt und bearbeitet werden. In Grails erfolgt das Scaffolding dynamisch. Die Dateien werden also nicht im Dateisystem angelegt sondern zur Laufzeit dynamisch generiert.[52] Durch das Anlegen der jeweiligen GSP-Dateien können letztlich eigene Views statt der dynamisch generierten definiert werden.

3 Grails in der Entwicklung von agilen Web-Anwendungen

3.1 Grails und Scrum

Ein zentrales Merkmal von Scrum ist die iterative Vorgehensweise. Nach jedem Sprint soll ein potentiell auslieferbares Inkrement präsentiert werden können. Dies soll auch bereits nach dem ersten Sprint der Fall sein. Die Erfüllung dieser Anforderung wird durch Grails unterstützt. Während zu Beginn eines üblichen J2EE-Projekts die Installation und Konfiguration von Entwicklungs- und Testumgebungen viel Zeit kostet, nimmt Grails dies dem Entwickler-Team fast vollständig ab.[53] Es bietet bereits im Auslieferungszustand eine vollständig lauffähige Umgebung mit vorkonfiguriertem Jetty Servlet-Container, HSQLDB, Hibernate, Spring-Framework und weiteren Komponenten. Mit dem Kommandozeilen-Befehl „grails create-app AppName" wird die gesamte notwendige Verzeichnisstruktur, unter Berücksichtigung der Grails-Konventionen, für das neue Projekt zusammengestellt. Ab diesem Zeitpunkt sind die grundlegenden Projektvorbereitungen bereits abgeschlossen und die eigentliche Programmierung kann beginnen. Auf Grundlage der ersten Models können Controller

---

[52] Vgl. König (2008)
[53] „The Grails team was able to start working on features quite early on because they didn't have to build any oft he infrastructure." Jon Mullen (sky.com ScrumMaster), SpringSource (2009b)

und Views durch Grails mittels Scaffolding automatisch erzeugt werden, was schnell zu einem bereits funktionsfähigen Prototypen führt[54], der dem PO im ersten Sprint Review bereits einen guten Eindruck der Funktionalitäten in einem realen Browser-Umfeld bietet. Doch auch der kontinuierliche Verbesserungsprozess und die Implementierung weiterer Funktionen in den folgenden Sprints wird so deutlich vereinfacht. Durch den Wegfall langwieriger Kompilierungs- und Deployment-Prozesse können die Entwickler ihre Ergebnisse sofort sehen, testen und korrigieren oder verbessern. Kleinere Änderungen könnten sogar bereits im Laufe des Reviews implementiert und sogleich dem PO präsentiert werden. Die so entstehende Dynamik und die Ermöglichung einer engeren Zusammenarbeit zwischen Entwickler-Team und PO unterstützen die Philosophie des agilen Vorgehens erheblich.

3.2 Grails und Extreme Programming

Da XP die Art und Weise beschreibt, in der ein Entwickler-Team seine Aufgaben in einem agilen Entwicklungs-Projekt erfüllen soll, hat die Verwendung von Grails noch mehr positive Einflüsse auf die Agilität der Prozesse als dies bei Scrum der Fall ist. Wie auch bei Scrum gilt, dass Grails den iterativen und inkrementellen Entwicklungs-Prozess, insbesondere durch CoC und Scaffolding, unterstützen und beschleunigen kann. XP fordert weiterhin die Implementierung von Tests. Dies wird von Grails mittels Asserts sowie Prüfszenarien, die im Verzeichnis „test" eines Projekts definiert wurden, unterstützt. Der Kommandozeilen-Befehl „grails test-app" führt sämtliche Tests aus.[55] Durch die simple Syntax von Groovy werden zudem die Implementierung einfacher Lösungen sowie die immer wieder notwendige Refaktorisierung unterstützt. Auch das pair programming sowie das gemeinsame Code-Eigentum des Entwickler-Teams werden begünstigt, da die Groovy-Programme in der Regel kürzer und verständlicher sind als dies in Java der Fall ist. Weiterhin treibt Grails die in XP verbindlichen Richtlinien für das Team voran. Durch CoC sind bereits zahlreiche globale Konventionen festgelegt, die es sogar deutlich vereinfachen, neue Entwickler mit Grails-Erfahrung während des Projekts in das Team zu integrieren.[56]

---

[54] Vgl. Helmbold (2008b)
[55] ebd.
[56] „Grails makes it easier and saves time bringing new devolpers onto a project, because it provides a simpler, clearer, more intuitive development workflow and process" Paul Fisher (Manager of Technology, Wired.com), SpringSource (2009a)

3.3 Grails und Kanban

Durch das deutlich weniger umfangreiche Regelwerk von Kanban lassen sich, anders als bei Scrum und XP, nur wenige konkrete Punkte aufzeigen, an denen Grails das Vorgehensmodell unterstützt. Jedoch gilt auch hier, dass der Entwicklungs-Prozess insgesamt agiler wird. Insbesondere wird das Auffinden und Beheben von Fehlern, durch automatisierte Tests und simplere Syntax sowie das Wegfallen von aufwendigen Kompilierungs- und Deployment-Prozessen, erheblich vereinfacht.[57]

4 Schlussbetrachtung

Groovy und Grails können mehr Agilität in den alltäglichen Entwicklungsprozess bringen. Diese Arbeit hat gezeigt, dass die Konzepte von Grails die Erfüllung der Anforderungen an die Entwicklung innerhalb von agilen Vorgehensmodellen erheblich vereinfachen können.

Rasch entstehen potenziell auslieferbare Inkremente, wie sie in Scrum oder XP gefordert sind. Durch Convention over Configuration müssen keine „XML-Wüsten" zur Konfiguration erstellt und kaum zusätzliche Konventionen im Entwicklerteam vereinbart werden. Mit Scaffolding kann dann bereits aus dem ersten Entwurf des Datenmodells eine lauffähige Applikation automatisch generiert werden. Dies reduziert insbesondere den Aufwand zu Beginn eines Projekts deutlich.

Es lassen sich bestehende, in Java geschriebene, Lösungen integrieren. Java-Entwickler finden in Groovy zudem eine dynamische Sprache, die nach einer Eingewöhnungsphase die Arbeit deutlich erleichtert und gleichzeitig vollständig mit Java kompatibel ist. So lassen sich auch weiterhin beispielsweise performancekritische Anwendungsteile in Java-Klassen ausgliedern. Mit Grails ist eine Konzentration auf den eigentlichen Entwicklungsprozess deutlich besser möglich und so entstehen schneller greifbare Lösungen, die dem Kunden beispielsweise im nächsten Sprint Review präsentiert werden können. Auch die ständige Refaktorisierung, die durch sich verändernde Kundenanforderungen im Laufe eines agilen Projekts notwendig ist, wird durch die einfache Groovy-Syntax und integrierte Tests unterstützt. So entsteht ein deutlich dynamischerer kontinuierlicher Verbesserungsprozess.

---

[57] Vgl. König (2008)

Der „heilige Gral" für die Web-Anwendungsentwicklung im Java-Umfeld ist Grails sicher nicht, doch es bringt ein hohes Maß an Agilität in die alltägliche Arbeit der Entwickler. So steht, dank Grails, am Ende eines Projekts im besten Fall ein besseres Produkt, das in kürzerer Zeit entwickelt wurde sowie ein zufriedenerer Kunde und ein zufriedeneres Entwicklerteam.

Literatur- und Quellenverzeichnis

Beck (2000)	Beck, Kent: Extreme programming explained: embraced change, Addison-Wesley, 2000
Beck et. al (2001)	Beck, Kent: Manifesto for Agile Software Development, 2001, http://www.agilemanifesto.org/ (30. April 2011)
Bell, Orzen (2011)	Bell, Steven C.; Orzen, Michael A.: Lean IT: Enabling an Sustaining Your Lean Transformation, Productivity Press, New York 2011
Block (2010)	Block, Carsten A.: Agile Market Engineering: Bridging the gap between business concepts and running markets, Dissertation, Karlsruhe 2010
Breitling (2011)	Breitling, Holger: XP Revisited - Die Wiederentdeckung des "Originals" der agilen Softwareentwicklung, in: Java Magazin 2011, Ausgabe 3, S. 50-56
Brown (2011)	Brown, Jeff: Grails 1.3.7 Release Notes, 16. Februar 2011, http://www.grails.org/1.3.7+Release+Notes (28. Mai 2011)
C3 Team (1998)	C3 Team (Hrsg.): Chrysler Goes to "Extremes", in: Distributed Computing 1998, Ausgabe October, S. 24-28
Gentsch, Wittwer (2010)	Gentsch, Jan; Wittwer, Markus: Planen für Fortgeschrittene: Eine Einführung in Scrum, 2010, http://www.gpm-ipma.de/fileadmin/user_upload/ueber-uns/Regionen/Hamburg/100701_Scrum-Einfuehrung.pdf (10. Oktober 2010)
Haller (2011)	Haller, Daniel: Kanban: Keep it simple, in: t3n 2011,

Ausgabe 24, S. 136 f.

Helmbold (2008a)   Helmbold,   Christian: Einführung   in   die
                        Programmiersprache Groovy, in: c't - Magazin für
                        Computertechnik 2008, Ausgabe 10, S. 163

Helmbold (2008b)   Helmbold, Christian: Websites mit Grails: Produktive
                        Webentwicklung mit Grails, in: c't - Magazin für
                        Computertechnik 2008, Ausgabe 12, S. 192

Hunt, Thomas (2003)   Hunt, Andrew; Thomas, David: Der Pragmatische
                        Programmierer, Carl Hanser Verlag, München Wien
                        2003

it-agile (2011)   it-agile (Hrsg.): eXtreme Programming (XP), 2011,
                        http://www.it-agile.de/xp.html (18. Juni 2011)

Jensen (2011)   Jensen, Björn: Scrum in der Praxis, in: t3n 2011,
                        Ausgabe 23, S. 126-128

Kniberg (2007)   Kniberg, Henrik: Scrum and XP from the Trenches:
                        How we do Scrum, C4Media Inc., Toronto 2007

Kniberg, Skarin (2010) Kniberg, Henrik; Skarin, Mattias: Kanban and Scrum -
                        making the most of both, C4Media Inc., Toronto 2010

König (2008)   König, Dierk: Ritterschlag, in: iX - Magazin für
                        Informationstechnik 2008, Ausgabe 5, S. 137

Liebhart et al. (2007) Liebhart, Daniel; Schmutz, Guido; Lattmann, Marcel;
                        Heinisch, Markus; Könings, Michael; Kölliker,
                        Mischa; Pakull, Perry; Welkenbach, Peter:
                        Architecture Blueprints: Ein Leitfaden zur
                        Konstruktion von Softwaresystemen mit Java Spring,
                        .NET, ADF, Forms und SOA, Carl Hanser Verlag,
                        München Wien 2007

Reißing (2000)   Reißing, Ralf: Aktuelles Schlagwort: Extremes
                        Programmieren, in: Informatik Spektrum 2000,

Ausgabe 23, S. 118-121

Rocher (2006)   Rocher, Graeme: Groovy on Rails is no more (kind of),
                         30.   März   2006,
                         http://grails.1312388.n4.nabble.com/Groovy-on-Rails-
                         is-no-more-kind-of-td1313422.html (28. Mai 2011)

Rocher (2011)   Rocher, Graeme: Grails Roadmap, 20. Mai 2011,
                         http://www.grails.org/Roadmap (28. Mai 2011)

Rocher, Brown (2009)   Rocher, Graeme; Brown, Jeff: The Definitive Guide to
                         Grails, Second Edition, Springer-Verlag, New York
                         2009

Roock (2010)   Roock, Stefan: Kanban in der Softwareentwicklung:
                         Schlanke   Softwareentwicklung   im   Fluss,   in:
                         OBJEKTspektrum 2010, Ausgabe 2, S. 18-22

Roock, Wolf (2010)   Roock, Arne; Wolf, Henning: Kanban in der
                         Softwareentwicklung, in: Business Technology 2010,
                         Ausgabe 1, S. 12-16

Ruby on Rails (2011)   Ruby on Rails (Hrsg.): The core team, 2011,
                         http://rubyonrails.org/core (28. Mai 2011)

Schwaber (2007)   Schwaber, Ken: Agiles Projektmanagement mit Scrum,
                         Microsoft Press, Redmond, Washington 2007

Schwaber, Sutherland (2010) Schwaber, Ken; Sutherland, Jeff: Scrum, Februar 2010,
                         http://www.scrum.org/storage/scrumguides/Scrum%20
                         Guide%20-%20DE.pdf (30. 10 2010)

SpringSource (2008)   SpringSource (Hrsg.): SpringSource Acquires G2One
                         Inc.,   11.   November   2008,
                         http://www.springsource.com/newsevents/springsource
                         -acquires-g2one-inc (28. Mai 2011)

SpringSource (2009a)   SpringSource (Hrsg.): SpringSource Case Study:
                         Wired.com simplifies and accelarates development

with   Grails,   2009, http://www.springsource.com/files/uploads/all/pdf_file s/customer/Wired.com%20Case%20study.pdf (16. Mai 2011)

SpringSource (2009b)	SpringSource (Hrsg.): SpringSource Case Study: Sky.com accelerates release cycle six fold with Groovy and Grails, 2009, http://www.springsource.com/files/uploads/all/pdf_file s/customer/Sky.com%20Case%20Study.pdf (16. Mai 2011)
Staudemeyer (2007)	Staudemeyer, Jörg: Groovy für Java-Entwickler, O'Reilly Verlag, Köln 2007
Staudemeyer (2008)	Staudemeyer, Jörg: Schnelleinstieg in Grails (TecFeed), O'Reilly Verlag, Köln 2008
Vigenschow, Toth, Wittwer (2009)	Vigenschow, Uwe; Toth, Stefan; Wittwer, Markus: Projekt ist nicht gleich Projekt: Ergebnisse einer aktuellen Projektmanagement-Studie, in: OBJEKTspektrum 2009, Ausgabe 6, S. 12-15